Pedro Lago

CORPO ABERTO

Ibis Libris
Rio de Janeiro
2010

Copyright © 2010 *Pedro Lago*

Editores:
Thereza Christina Rocque da Motta e João José de Melo Franco
Foto do autor:
Miguel Bandeira

1ª edição em março de 2010.

Lago, Pedro, 1981–
Corpo aberto / Pedro Lago. Rio de Janeiro: Ibis Libris, 2010.
152 p., 21 cm.

ISBN 978-85-7823-048-7

Impresso no Brasil.
2010

Todos os direitos reservados ao autor.

Email do autor: pedrolagolj@gmail.com

Ibis Libris
Rua Almirante Alexandrino, 2746-A
Santa Teresa | 20241-263 Rio de Janeiro | RJ
Tel. (21) 2556-0253

www.ibislibris.com.br
ibislibris@ibislibris.com.br

Associada à LIBRE.
www.libre.org.br

Este livro é dedicado
à minha madrinha,
Maria Lúcia Proença.

Para ser traduzida pela voz, assim como para ser apreendida, a poesia exige uma santa atenção. Deve se formar entre o leitor e o auditório uma aliança íntima, sem a qual as elétricas comunicações dos sentimentos não mais se dão. Se falha essa coesão entre as almas, o poeta vê-se então como um anjo tentando cantar um hino celeste em meio às chacotas do inferno.

Honoré de Balzac – *Ilusões Perdidas*

PROVOCAÇÕES

A priori muito esquisita aquela noite no Bar do Mineiro.

Outubro, talvez. Certo de que fazia frio, pois lembro bem do sobretudo preto que usava. Mal debutara na escrita e tive meu primeiro nascimento quando discutimos Antonio Dias: *"Como a fase dos anos 60 é melhor que a atual?"*. Era tudo diferente no mundo que idealizava, até que o Guilherme Zarvos soltou a frase que me mudaria completamente: *"Garoto, te falta a perversão"*. Demorei um ano para entender, mas, depois, ficou mais simples. Os frutos vieram logo em seguida, quando passava na Rua Alice num domingo de vitória do Flamengo: *"Lembra de mim, do bar em Santa Teresa?"*. *"Não. Devia ser meu sobrinho Daniel"*. Era a vontade de mostrar o que tinha feito. Depois, a coisa ficou séria. Foi meu segundo nascimento: Pound, Eliot, Kaváfis, Fichtner, Kant, Lorca, mais do sublime, o sarau no Leblon que tirou de mim coisas que jamais imaginei e outros de que não me recordo. Muito, muito bom, quando essas coisas acontecem inesperadamente (ou não?), pois é por aí mesmo. Nas contradições e utopias, bebi até onde pude, e hoje, se caminho mais, não é porque compreendi a perversão e, sim, a provocação.

PL

Corpo Aberto

O VALE

Espaçoso olhar
que percorre o toque
das folhas ao sol,
e aprisiona as rochas
no azul profundo,
onde cantam os pássaros
a canção do mundo,
em meio aos becos
deste vale de laranjeiras,
no correr aflito do
rio Carioca até a
grande baía,
qual vontade natural
que resiste, sem medo,
dia após dia.

O BELO

Inúmeros traços escritos
em torno da mesma
ilusão. Escadas flutuantes
a subir até a superfície
das nuvens, onde não mais
se respira, e na sustentação
da ideia de se manter ali
por incontáveis instantes,
posto que são claros,
tal a brancura do solo
macio, na extensa visão
do todo, e lembrar-se
de tudo ao retornar, pois,
na ponta dos dedos,
está a transcrição da
reluzente face,
desta que buscamos
a cada dia.

O SÓRDIDO

Nestes dias
em que o corpo cansa,
quando a tarde já pede
à noite para surgir,
e o som da cidade
silencia o pensamento
mais leve, sinto-me
um ser de bronze,
a ostentar formas frias,
nuas de identidade,
e somente a existência,
amiga íntima,
a banhar-me neste
imenso mundo
que hoje se faz
abjeto.

SILÊNCIOS DE UMA TARDE

Pressentir os instantes
ao primeiro sopro dos ventos
que criaram as ondas
de tantos mares
em continuidade às erosões
de infinitas mutações
geográficas, no tempo
real das formações
que hoje compõem
suspiros à esperança
de dias mais verdes;

na mesma calma
que traz a compreensão
de uma obra estática,
sustentada por pregos
que descansavam antes
do confronto ao muro,
e nas frases soltas do dia
não ditas nas madrugadas,
onde a cidade ostentava
as luzes que se apagavam
em outros movimentos
a tocar a existência,
tiquetaqueando provocações
na mesma necessidade
aos mesmos instantes

que coexistem em todos
esses intervalos;

o silêncio é o sublime
nas vastas galerias,
percorrendo formas
na leitura das cores
em diversas faces
moldadas por mãos
de solenes artesãos;

tal qual o vibrante nada
a surgir nas tentativas
de estabelecer melodias
em ritmo lento,
ou o salto intenso
ao término das palavras
em tamanha maestria,
na procura do próximo
discurso que trará
outro momento como este,
ao fechar as páginas
de um livro.

DA NUCA

Nuvens anis ventilam
flores atrás dos ombros,
e mudam de lugar
sempre que tento
vê-las. Seriam as
páginas lidas entre
músicas, pintando
imagens nos muros
erguidos em tantas
aulas de língua
portuguesa?

E ficam ali, sussurrando
as coisas que escrevo,
na confusa composição
de tudo que penso
e tento sentir,
no silêncio dos meus
olhos fechados,
diminuindo a pressão
do meu bruxismo,
tudo sempre muito
simples e claro,
se devidamente
iluminado pelos fiapos
de vida que torna tudo
um pouco mais feliz.

ODE AOS GÊNIOS

Estes todos que permeiam
minhas vísceras
a entrar no meu sangue
ainda virgem
por tantas e tantas faces da mesma questão.
Fazendo com que eu tema o salto,
mas gritando aos ouvidos do mundo
que é preciso acreditar
na própria loucura;
em tessituras e composições
que transgridem o presente,
como algo que surge
e transcende,
removendo paredes erguidas
ao longo da história
de todas as músicas,
subindo, subindo,
a forçar os limites de onde
o peito se rasga brutalmente
em tempestades,
na voraz plenitude do estrondo
grave, rugindo,
a tornar o corpo a grande erupção
de tudo que há de mais quente,
transbordando,
transbordando matéria bruta
das mais íntimas raízes

que nos trouxeram até aqui,
no gerúndio das respirações
da crista que se forma
a cada instante,
molecularmente rebelde
e liberto do que há de concreto
na criação de tudo que alimenta
a permanência destes tantos
que me acompanham por dias e noites.

ODE AO POETA

Fernando Antônio Nogueira Pessoa,
gênio gênio, deprimido muitas vezes
no frio de Lisboa, por quem
os infinitivos soam como
palavras redondas, e jamais
jamais cansa quando fala
em sentir pensar sentir
sempre naquela clareza
absurdamente simples

e ainda inventa nomes
malucos para si mesmo
que fazem tanto sentido
quanto verde amarelo
azul e branco, e ele muda
muda fazendo grande odes,
poeminhas, filosofias, até
mesmo outro Fausto!
Deve ser por isso que
bebia e fumava tanto
pelas tabacarias de Lisboa,
e falava no Tejo, nos
rebanhos, na lua,
grama, sol e sofrimento.

Quanta angústia, meu Deus!

Porque li em algum lugar

que arte é angustiar-se,
tal qual agora aqui depois
ontem e hoje todo mundo
junto respirando o mesmo
ar noturno e o jovem
Fernando, gênio gênio,
genial poeta maior,
hiperbolizando prolixidade
logo em nossa língua tão
complicada.

Pois é, poeta Caeiro, poeta Reis,
poeta Campos, poeta Pessoa,
até hoje dentro de nós todos
formados por ele, perplexos,
nos saraus do mundo inteiro,
até onde não sei mais
quando volto a lê-lo
entre os outros que fizeram
tanto quanto ele fez,
sem saber que estão
vivos até hoje.

RISCO

Medo de sentir tudo ao
mesmo tempo.
Tento. Mas vem um
vento e toca feridas
abertas pelo não saber
das coisas, as quais trazem
sensações estranhas,
muitas vezes boas,
mas sapateiam no limite
entre a vida e a morte.

Vertigem.

Vontade de voar alto,
mesmo temendo as ânsias
dos rasantes e, no sonho,
fico mais tranquilo, pois
achei a forma de gostar
de tudo isso, pela prática
dos ensaios e a véspera
da estreia. Quando creio
subir ao monte mais
alto, mais longe, e lá, uma
velha pedra à minha espera,
o papel em branco, o enigma,
será que lembrarei?

Gosto pelo ar medieval,

princesas escondidas,
guerreiros dos emblemas
sagrados e uma vida de
filosofias em erupção.

Que lugar é este onde piso?
Tudo tão branco, tão virgem.
Tintas espalhadas pelo chão
e um rio de motivos.
O desejo de fazer aquilo
que se vê ou a coragem
para o que se quer.
Ah! É ali que eu vou.
Na luz inexistente ao fim,
pois, ora, não há fim,
o fogo é a pena, o peito,
e vou correndo até cansar,
e quando as pernas doerem
na excitação do caos,
as asas me farão conhecer
os outros lados do verso final.

FRIO

Sentar na varanda
com minha caneca
do Neruda, e beber
o café com mel
que aprendi dois
anos atrás. Este é meu
terceiro caderno,
o segundo de cor
preta, e preta
sempre é a cor
da caneta. Daquelas
que riscam como
uma pena, pois,
se fosse uma pena,
escreveria com o
tinteiro de prata,
que tentei vender
no leilão pelo
menos dez vezes.

Nem sempre há
um grande motivo,
fortes sentimentos
a serem derramados
no papel que se dobra
ao vento frio.

Hoje é outono e o

Cristo está encoberto.
Tenho medo daquela
estátua.
Sinto-me pequeno.

Deve ser a sensação
que queriam despertar
ao erguerem catedrais.
Tenho medo
de coisas grandes.
Sinto-me pequeno.

Evasivo estado de
recolhimento. Há
momentos em que
quero apenas me deitar
e não pensar em nada.
Nada. Olhar para as
coisas como criança.

Como é lindo o centro da cidade!

E diluir as águas escuras
em repentinos arrepios,
pois penso que os poetas
suicidas observam os vivos
quando escrevem.

Queriam falar mais.
Queriam ter vivido mais.

Assim faz-se a tarde vazia.
Na ausência das cores,
na dissonância da alegria.

ONDE?

De repente, sou um corpo
frágil andando entre
imensas árvores que,
de cima, sombreiam meus
caminhos em meio à
mata fechada, sem a
tal luz do céu sobre as folhas,
e esta impressão de estar
sendo perseguido.

Tais árvores possuem
troncos em forma de
escada, antigas e vivas,
feito quadros com
delicadas marcas, onde
se leem os limos e cogumelos
de sua história, espalhada
pela casca, junto às flores

e ervas crescendo em
seus sulcos, e formigas
em fila migram para o alto,
longe dos bicos famintos,
nesta busca entre os
extremos do instinto,
quando não sei mais
onde ir neste denso

verde, por onde anda este
corpo entre as árvores tão
vitais às composições.

A MENINA E OS LIVROS

A menina olhava os livros atentamente,
como quem procura uma flor amarela.
Olha, cruza os braços, observa
os caminhos que poderá percorrer.
Não se decide. Quer algo, mas não sabe.
Seria um romance?
Um poema de amor?
Ou tudo isso no olhar
de um poeta que a observa
neste pequeno poema?

PENSANDO NO CAFÉ DA GALERIA

(Nossa, que confusão! Todas essas músicas na minha cabeça. Fragmentos de todas as partes da memória junto a tudo isso aqui à minha frente. Café. Garçonete lenta. Pareço sem controle e ainda acho que o negócio é não ter controle nenhum. Fazer aquele relaxamento do Ioshi Oida e deixar o ambiente fluir em mim. Vejo estes todos ao redor. Cada um na sua. Será que me escutam? Não. Mais uma vez essa paranoia chata. Nossa, faz calor aqui dentro! Mas está frio lá fora. É sexta, mas parece sábado. Outono. Catete. Sophie Calle e esse bruxismo que não me larga. Esqueci de pegar o floral, e penso naquele texto da Ana Cristina Cesar. Impulso de escrever eternamente, mas a tinta é para outras coisas.)

A BAILARINA DE VERMELHO

Era uma multidão colorida.
Trompetes cantarolavam as cores
da alegria coletiva,
os desejos fluíam por entre
as notas que permeavam os espaços
escassos do prazer...

Mas, no meio dela, alguém sorria.

Um sorriso que inspirava
os brilhos que nela havia.
Chamava-me voluptuosamente
em vermelho-sangue, num
aroma de bálsamo em brisa
e sem hesitar... fui.

Então, permaneci por longos momentos,
estes,
que fizeram o corpo ser um suspiro lírico,

e ela dançava como se fosse
a própria Plisetskaya,
os braços leves a traçar
cisnes brancos.

Era uma tarde de folia,
quando eu,
no mesmo lugar, há um ano,
mais uma vez a conhecia.

A GARÇONETE

É melhor deixá-la como está. Tão bonita
que chega a doer-me o peito na
simples contemplação de sua
postura torta.
Tem cabelos curtos e negras
sobrancelhas grossas. Negras como
um borrão de nanquim
derramado no papel.
                        Folhas misturadas
às pétalas de flores secas,
cheiro de chá de camomila e
vontades...

Menina bonita no meio da
madrugada, dança quando sorri,
e volta séria à sua meditação.
Parece que levita ao
falar baixo, salpicando palavras
a quem merece ouvi-las.
                        Menina...
Vai no teu balé, que fico
aqui, a beber as coisas
que jogas pra mim,
assim...
        ...menina
                ...menina.

PELE

Tremo ansioso que me toque
logo, pois já nos sentimos tanto
enquanto não nos despimos.
Ao primeiro estar fora
de mim, o frio abraça,
e quero que me segure
forte e me puxe para dentro
de sua pequena casa,
tão umidamente salgada
pela chuva que propus.
E quando, enfim, meus olhos
não virem mais,
quero que me marque em dor e
me peça tudo de que sou capaz.

LE COUP DE FOUDRE

O choque de um relâmpago
a descarregar repentinamente
o corpo que traz nos olhos,
o motivo ao suspiro dos poros
em êxtase constante,
de encontro a outros olhos
que trazem o exato momento
de explosão, tão raro quanto
o alinhamento dos planetas,
e vibram ao mesmo tempo
que o peito de dois indivíduos
que se encontram em qualquer
lugar do mundo, na inocência
de nunca terem sabido o que era isso,
sem notar que estão mudando
o curso da existência, quando
prosseguem ao que lhes foi
concedido pelas profundidades
mais inertes da imensidão
do cosmos.

NO SILÊNCIO

Olhei profundamente
na obscuridade
de seus olhos,
e aproximei os lábios
na distância de sentir
sua respiração,
pois éramos apenas
o que havia,
e ainda haveria
o pulsar contínuo
que nos unia.

Tocamo-nos sem nada
saber, na coexistência
de algo que subia
e nos tomava por inteiro,
na vertigem de nos atirarmos
do mais alto possível,
e tremíamos no deleite
de termos um calor felino,
fremindo na úmida certeza
de justificar o sabor
de nossos corpos.

SURTO DE VOLÚPIA POSSESSIVA

Volúpia, força pura
da libido,
toma tudo
violentamente,
tremendo o corpo
e trincando os dentes,
a dizer que somos
fracos reis possessos,
surtando no carnal desejo
ao que nos mantém vivos,
expondo as garras
pelo sangue do sexo
acima da razão
e do olhar perplexo,
babando como feras
malditas, sedentos
de orgasmo,
repleto de gritos
e lambidas, no deleite vão
do domínio dos povos
de seu reino,
nas tardes calmas
e no silêncio dos leitos.

MOMENTO ÍNTIMO

Olho-te firme
em tua ansiedade
de ser tocada.
Deslizo as mãos
pelo teu rosto, enquanto
as tuas me despem lentamente.
Minha língua passeia
pelo teu pescoço e, delicadamente,
teus seios enrijecem em minha boca.
Arranho-te,
e desço em direção ao teu prazer.
Ali permaneço, descobrindo cada lado
de teus pequenos lábios.
Gemes gemes e suspiras,
volto à tua boca,
que, de súbito, me engole.
Penetro lentamente no calor de teu corpo,
sussurro palavras molhadas em tua orelha
e, juntos, aguardamos o momento
de sermos leves como as nuvens
que se formam na aurora.

APENAS

Porque todos querem amar,
seja agora, amanhã ou
num dia simples como este
em que chove tanto,

e submergimos pouco abaixo
da superfície e, lá em cima,
fica claro o que se quer.

Vontade de estar sempre ali,
mesmo na necessidade
de tornar a respirar,
e tudo voltar a ser azul,
infinito,
assim,
sem sorrir muito,
pois não se idealizam cores,
tampouco texturas,
somente formas fracas
em grafite
clarinho,
sem marcar muito,

e esperar sem esperar,
que, em qualquer dia
mais claro, se componha

o que se pensa agora,
assim,
sem saber o quê.

BEIJOS

Longa longa noite molhada
de suor. Tocam-se lábios,
línguas e olhos nus
unidos ao desejo
espumoso da carne.
Sorriem os pelos da
pele rija e excita
o vermelho nervo mudo,
e tudo cresce, palpitando
luxúrias qual gemidos
de loucura. No lento escorrer
da gota de mel sobre o corpo
lambido pela noite,
onde fadas foram aos
elfos e coloriram
a escuridão.

UMA NOVA ERA

Quisera ser Cronos,
brincar com a ampulheta do tempo,
acelerar os momentos fusos,
e ver-te à hora que me doer o peito.

O frio que surge ao respirá-la,
grita internamente alto,
e reverbera, reverbera,
até o silêncio despedaçar
a película sonora.

Quisera também ser Zeus,
e construir na luz
a música que surge
diante do olhar macio
que trazes na constelação de tuas eras.

Quisera, enfim, ser Gaia,
trazer de volta Pangeia,
e deitarmos de vez na terra que nos pertence,
pois minha ansiedade é causa tua,
que cessa, quando apareces no silêncio.

AOS SOLITÁRIOS

Porque somos sobreviventes de incompreensões diante da realidade aparente, jogamo-nos ao mundo pelo olhar que atribuímos ser somente tudo aquilo que se vê, sabendo que a doação de si torna tudo mais simples. E como gostaríamos que a vertigem essencial da nudez conquistada fosse a plenitude contínua de um tempo inexistente, e voltamos ao corpo como se retornássemos de distantes peregrinações, e o lar não estivesse mais como o deixamos; numa constante mudança daquilo que se pensa ser, e nada disso teria importância se percebêssemos como é belo pertencer a outros, e tantos outros pertencerem a você; imaginamos mares calmos em manhãs primaveris por todos os tempos a desfrutar ainda, tal como agora, no impossível afago poético de uma vida inteira. Talvez sejamos estrelas, que lá estão ao lado de outras milhares, mas brilham sós, como árvores que crescem verticalmente, fechando ciclos e abrindo outros, numa resposta aos elementos que as fizeram como são. Caminhamos refletindo o que dizer, e sorrimos aos efêmeros encontros urbanos e vamos, sim, vamos, sim, estabelecer mais toques, pois a condição de estarmos aqui é aquilo que está, e não querer sentir sozinhos os deleites, os descuidos, e sofrermos calados as dores do espírito muito maior que a carne; pois queremos um mundo mais simples, nu dos impedimentos harmônicos, e faremos das passagens as grandes odes que ilustram as representações do que se é; e percebermos que tudo muda diariamente de cor, num simples contemplar de nuvens, e na resposta aos sorrisos de quem quer apenas deixar de se sentir só.

MODIGLIANI

Brilham teus olhos
como pedras de jade,
quando me encaras
e me desconcertas em tua
ternura estática,
lembrando-me as formas
d'um Modigliani jamais pintado.
Tu me manténs petrificado,
adorando-te a cada segundo
em que coexistes num presente
sem tempo, desmanchando
o anseio ardido e suspirando
o peito vazio, agora preenchido,
quando estou a caminhar
contra a luz e o vento.

EXAGERO PARA A MENINA LOIRA

Ela é a fagulha que incandesce
o mar nos instantes que antecedem
o calor da própria luz,
brotando na furtiva nuance
do amarelo a surgir no elixir
primevo do dia ainda criança,
pelo desmembrar celeste
das reflexões que trazem a manhã.

Traz consigo a delicadeza
da fragilidade feminina,
e o canto orfeônico
que surge a cada palavra
esculpida, desarmando qualquer
exército protegido por guerreiros
com escudos impenetráveis,
mas que, ao primeiro toque
de suas mãos de ninfa,
evaporam-se em aroma de
almíscar,
dando assim o sentido que há
em todas as primaveras.

CEMITÉRIO

A tristeza é algo fácil
de se descrever em imagens
e sons sempre quando
se deseja moldá-la em
formas, expondo-a
entre tumbas e tochas
apagadas junto aos
cascalhos arrastados
pelo vento, omitindo
as vozes vindas do
amplo negro, junto aos
grilos e sombras na luz
da imensa lua acima
que clareia quase tudo.

Difícil é dizer que,
dentro do mausoléu,
há dois amantes em
silêncio, respirando
baixo, tocando-se e
seguindo o impulso
do centro da Terra,
aumentando a febre
dos corpos, ao sentirem-se
dentro do outro,
pulsando vogais
junto ao ar que

sai da boca,
onde nada mais
importa, quando
tudo vira um
batimento só.

DOS FINAIS DE SEMANA

Às vezes, a flor se perde
no barulho do café
necessário neste dia frio.

Segunda-feira. Dia do
recomeço, após os gastos
afetivos de ontem, antes de
                    ontem,
     deleitando-me aos
prazeres ébrios,
              ébrios,
navegando o barco ébrio
acima dos montes gelados,
entre o mar de nuvens,
onde os cumes são ilhotas
brancas inabitadas, e eu,
lá na proa, em frente ao
risco das terras à vista,
              embriagado,
a buscar a mim mesmo na vida,
a seguir por tal saída, quando
sinto outros nas ruas
passando,
     passando
pelos meus olhos ainda frágeis,
     e me apaixono
ao ser percebido com ternura...

...constato, então, as
palavras que restam,
após a percepção
de tal atmosfera,

mas prefiro ser assim
                      frágil,
pois sofrer os choques é
sentir-se vivo, capaz de
saber viver, tal qual amar,
ou algo semelhante que
habita o espaço entre nós.

O ELFO E A CAMPONESA

Um elfo caminhava perdido
por entre os ramos de um vinhedo
quando encontrou uma jovem camponesa
que colhia uvas como quem sonha.
O elfo passou a lhe contar histórias
sobre os mundos fantásticos,
onde vivia há centenas de séculos.
A moça, seduzida por seu canto,
passou a escrever diariamente
tudo o que o elfo lhe dizia.
Tais encontros se tornaram mais frequentes,
e a jovem camponesa passou a ansiar
cada vez mais pela vinda do elfo.
Certa tarde, disse-lhe que não mais queria
escrever sobre seres feéricos:
desejava intensamente ir com ele
contemplar os prazeres servidos
nas taças coloridas que descrevia.
O elfo respondeu que isso não era possível,
pois só elfos poderiam penetrar em tais mundos.
A camponesa não aceitou a resposta,
revoltou-se e desferiu-lhe um golpe
com o punhal que usava na colheita.
O sangue verde envolveu o elfo,
e suas vestes, sua flauta, seus ramos
cobriram-se com o derradeiro líquido.
A camponesa, cega de cólera,

olhou, enfim, para ele.
Porém, seu corpo não mais repousava no solo:
desapareceu, deixando um rastro de sândalo
e nada mais.

DA VINCI E A NATUREZA

Dezenas de andorinhas
dançam no céu brando
formando sorrisos, sempre
claros e precisos,
quando vejo a tarde
fria despedir-se
nos lábios da chuva,
e o verbo verde
ecoar no vale calmo
do coqueiro cantante,
no instante em que
meus olhos sonham
tanto e tanto
no vazio que havia,
e cada vez mais crescia,
mas foi levado
pelas palavras destes,
tantos outros, que,
calados,
dão vida a tudo.

A chuva
       o vento
o vinho

fazem a música
do mar de janeiro.

Frio
      sozinho

no estar dentro do
corpo de ar vazio

azul
      não há

pois, sabe-se, o amanhã
virá como um brilho,
na vertigem de voar,
sem chama, nem arrepio.

PARTIR

Esta vontade de ir
sem saber como será depois,
o amanhã como aprendi
a temê-lo e, mesmo assim,
querer partir...

O nebuloso branco entre a luz
e o verde desce sobre mim
em penumbra,
na esplêndida música do vento,
a desfazer o que há de ansiedade
mesmo sem saber o que virá,
diante de tantos anseios
e tudo o que segue.

Muito a fazer pela compreensão
da liberdade,
e outros tantos doze trabalhos
a concluir.

Aproveitar, dizem,
gozar a vida no que há
de mais aprazível,

música...

A clemência para que tudo dê certo,

que a fome dos sentidos não se torne
maior que a grandeza do espírito,

fáceis palavras...

Os frêmitos às inconstâncias d'aurora
pelos carinhos que fazem tudo não ser
como é,

resistência...

O equilíbrio da paranoia contemporânea,
o cantar calmo do bem-te-vi,
simples assim,

a ternura de quem sempre esteve perto,
salvo imperfeições, desconhecimentos,
aquarelas das mesmas praias,
gerando outras percepções
a restituir os estados naturais
juntos às lágrimas em
incessante depuração,

como estar sentado ali, só,
e alguém vir e também lhe sorrir:

– Olá!

VARANDA

Gosto desse silêncio
cheio de pássaros,
de quando tento
me apossar do verde,
e transformá-lo em
lágrima de leitura,
após dançar ao ritmo
de qualquer poeta lírico,
sentindo subir a imagem
de seus sonhos, como
o sangue dos lábios
e o desfalecer das pedras,
que tanto pesam no peito,
na levitação do corpo
calmo, livre, em forma
de suspiro.

DAS COXAS DE BACO

Em louvor do carvalho
pelos povos antigos,
as lendas helênicas
de prazeres e gritos,
nas demonstrações
libidinosamente
nínficas, no contágio
do vermelho-azul unidos,
eis que o afeto se faz
leito sagrado.

Pode-se enxergar os olhos
ansiarem por carinhos,
o corpo descansar nos
lábios de quem chega devagar,
ou tudo ser como em Roma
ou Atenas, sob peles de
cordeiro e urrantes ditirambos
na noite do deus do vinho.

Sejamos felizes de maneiras
diversas, sem dores,
nem ideias controversas,
posto que são calores,
e que o ébrio desejo de sentir
seja mais uma página colorida,
nos caminhos do porvir.

O DOMINGO

Começou num susto o dia,
que assim poderia tornar-se
negro lume sem cor nem alegria.

Calma, serena calma,
respira três vezes
profundamente e refaz
tudo, de repente, em
nova sintonia.

Foi cruzando a tarde quente
no ofegante desbravar em
passadas curtas, até o
deleite beira-mar silente.

Na então caminhada glória,
até onde doem os joelhos,
ali no céu tornando-se graça,
e a lua já saindo junto ao sol
que cai um pouco mais à direita,
pois já é abril,
e vou até o Arpoador,
junto a todos sem culpa
de serem parte desta vitória
dura, onde fomos felizes ao som
do sax entre as fotos dos turistas
e o vermelho se esvaindo

nos primeiros movimentos
da divina noite
              saindo
                        saindo
                                    saindo.

TARDE

*A ignorância no Brasil
é a Pedra da Gávea.*
Nelson Rodrigues

...e o sol se punha bravamente,
sobre as rochas fraternas
e a grande ignorância brasileira.
A luz batia no espelho d'água,
enquanto os guerreiros de laranja
venciam mais uma batalha.
Plenamente, o amarelo
abraçava o branco e o azul,
gerando um filho alaranjado.
Os pescadores, ao longe,
compunham o quadro marinista.
A brisa úmida anunciava
o retorno do grande astro
que brilhará novamente,
fazendo continuar, assim,
o eterno poema.

O SAXOFONISTA DO ARPOADOR
Para Joel Ferreira

A noite renasce ao vento
lento, levitando em lírios,
no dedilhar preciso do
metal tranquilo, qual fosse
a calma do silêncio entre
as notas sopradas aos olhos
dos que o observam, quando
desenha frases junto ao mar
escuro ao fundo, compondo
mergulhos noturnos em tudo
o que há nas cores de domingo.

UM FIM

Passa por mim um veleiro
no último calor do dia.
Ondas cansadas tomam
as pegadas ainda existentes.

Não há mais ninguém aqui.

O gelo aguado dos isopores
fazem boiar as águas que
restam.

Só há silêncio.

O pensamento é a voz a falar
junto às espumas.

Areia fria.

Pequenas sombras formando
montes como nuvens.

Agora é a hora do arrastão
das traineiras do Posto Seis,
e apenas um coco verde
no chão.

Não queria que terminasse assim.

HIPOCRISIA

Lá me vem a tristeza
do mundo, quando em
fontes nascem estes
que param meu carro
nas ruas e, por um
distúrbio de nobreza,
maldigo a presença de
tão angustiados plebeus,
que, tanto quanto eu,
desejam apenas sorrir
como pássaros,
a pousar seguros
no lugar onde nasceram.

Fico a querer que não
existam, pois creio pensar
seriamente a poesia,
e nela apenas gostaria
que brilhassem deuses
e quimeras, no tocar
dos sinos em tantas eras,
e nelas, os sonhos dos
poetas a ilustrar versos,
como num sonho meu.

AD INFINITUM

Há por aí uma necessidade de se manter no limite do discurso. Nesta histriônica vertigem entre o medo e a coragem, onde não se respira mais, e tudo é matéria pura, e tudo é futuro, e tudo é presente, e tudo é gerúndio do tempo contínuo, e a sede pelo grito como a única sensação possível na incrível imensidão da palavra, sobre o ritmo sem intervalos visíveis, e o verbo corre, corre, até se esgotarem as combinações, e o vácuo suprir o desejo de plenitude, acelerando a percepção de formas e cores, cores, somente cores, palpitando no grande fundo negro, já ali, fora de tudo o que seja audível e apreendido pelas retinas do pensamento, na companhia do último número somado, somando e somando, e a linha vetorial seguindo, seguindo seu curso intermitente até chegar AQUI.

...onde há necessidade de se manter no limite do discurso...

NERVOS

É naquela angústia
inebriante, forte
qual aguardente
mórbida, que os
tremores dos nervos
viram palavras
de esplendor.

A lágrima do mundo
pela janela fechada,
e, em seus gritos,
ultrapassa no silente
calor a torturar
o anseio de amor.

Vidas que florescem
ao longo dos séculos,
e caminham nas
páginas resumidas
da lembrança.

A necessária dor
da pureza budista,
a memória interior
para consistência
artística, e o simples
falar das coisas

a desprender-se
das pedras aflitas.

Poderia olhar as folhas,
e dizer que dançam
como títeres, ou
olhar as montanhas
à procura de novas
fontes...

Mas há o nervo
que sente a profunda
marca do tempo,
e percebe que não
há muitos afazeres
quando a vida segue.

EMPÓRIO
Para Vicente

Cheio de mim, submerso,
de pé, no bar, a beber a
saliva da noite.
                Assim mesmo,
                        jogado às palavras
              exageradas,
      querendo ser como Eliot(!),
mas a pensar no velho Bukowski(!!).

Cosmopolitan Ipanema,
muitas línguas que se despem
dos ritmos. Poesia é ritmo,
intenção é perfume que surge
ao lado dela, cantando como
a própria Callas, a sustentar um
lirismo noturno, submerso, de pé,
no bar novamente...

Un coup de foudre a cada minuto,
                            fáceis definições
                    efêmeras,
pois assim as coisas se dão:

Canudos – pedras de gelo.
Pedras de gelo – canudos.

Mexe

mexe
mexe

faz subir o açúcar do fundo,
faz subir o fermento do lúpulo,
      já em falta nas
     indústrias,
faz subir o preço e o apreço
pelos objetos,
nas alegorias que tanto clamam
atenção.
   Homem, pavão de si no meio
     do poema,
e todo mundo muito feliz hoje,
       eu também,
submerso, de pé, no bar,
a beber a saliva da noite.

NA LAPA

Notívagos perfumados,
sedentos de sangue,
celebram o estado
ébrio na sublimação
dos instintos mais
profundos.
Sentimentos vermelhos,
no toque labial da
excitação do estômago.
A razão bem longe
e a mente na pele,
na dança das mãos
sem sincronia,
querendo engolir o outro
inteiramente,
até a palpitação nervosa
do arrepio molhado de sal.

DESCRIÇÃO EM BLUES

De olhos bem fechados,
respiração leve,
três ou quatro sentimentos
recentes, frases espalhadas pelo quarto,
a luz da cabeceira a iluminar
o pequeno caderno,
e a compreensão de que é feito
um solo de saxofone.

Frio, muito frio, esta noite.
Só a luz azul do Redentor
por entre as frestas da varanda.
Algumas palavras escritas
no correio eletrônico,
algo surgindo em meio
ao silêncio,
e ainda os olhos fechados.

Talvez nada seja definitivo.

Um mínimo de erupções
dentro do peito,
e aos poucos vai surgindo a clareza
da nudez em si.
Sou eu que estou ali,
estupefato,
"Decifra-me ou te devoro",
e eu nada sei.

O pequeno bolo de massa
dilatando, dilatando,
até formar uma camada fina.

Quando a música acaba,
volta aquele zunido
da noite,
volta o frio dos pés descobertos,
a certeza de que nada sei,
e de que é melhor ser leve.

RIBALTA

...e não houve aplauso
após a cena,
o silêncio rompeu o tempo
tão de repente, que ele
curvou-se ao negro nada.

Viu as folhas caírem
como gotas,
pisou as pradarias
secas, e sentiu
o árido perfume
da sombra, que
preencheu-lhe
a carne e então
fraquejou.

Outrora, sorria simplesmente
qual lágrima doce,
melifluamente doce,
quando deitava-se
em leitos brandos,

entretanto,

algo rompeu o laço,
e a vida não era
como deveria...

Mas haverá outra pluma,
e a reconstrução
se dará diante à bruma,
e ele tocará sua mão,
como tudo o que há
de mais sublime.

CÂNCER

Não escondo minha pieguice,
mesmo que a fantasie
com alegorias pós-modernas,
porque sou canceriano.

Mesmo tendo a Lua em Virgem,
o bravo Escorpião na superfície
a mostrar a vaidade presente,
sou canceriano.

Vislumbro os abraços quentes,
os beijos lentos,
os dizeres do que se vê e sente,
porque sou canceriano.

Necessito da presença da vida alheia
neste prazer de "estar ao lado de",
do cafezinho num lugar tranquilo,
pois sou canceriano.

Mas temo a proximidade ao berço,
da forma simples em estado puro,
da dor que arde no peito aberto,
em que nada posso fazer...
porque, sim, sou canceriano.

O CORPO

Este corpo que não me aguenta
vai implodir em séries contínuas,
e fará de mim o esboço
de uma composição sangrenta.

Canal por onde passa o turbilhão
impalpável, treme e grita
em vorazes sanções retorcidas.

Frágil casulo da nudez
inevitável, controlado por
filosofias de verdade
questionável.

O mundo é, a cada dia,
uma face revelada,
que se desfaz na criação
de novas profecias
e percepções reinventadas.

Não há ponto final, nem definição,
apenas releituras constantes,
que transfiguram os ventos de antes,
e fazem de teses e antíteses
uma síntese em formação.

ORGULHO JUVENIL

Embriagada por reflexos quebrados,
finge não ver pela face
a óbvia harmonia de um virar de página
escrita em palavras soltas,
que outrora compunham o romance.

Defende-se dos doces ventos,
sorrindo sem sorrir verdadeiramente
na vá negação à imagem,
a desfazer-se em lentas erosões
pelos muros de areia seca
de um castelo que não foi,
mas seria lembrada a sua estrutura.

Orgulho juvenil,
derrota da lágrima pura,
cairia simples como o orvalho,
mas esbarra na postura frívola,
trazendo o riso falso a quem
não reconhece a própria face,
agora transmudada
pela rachadura no espelho
que não há.

Como é duro interpretar
personagens sem estado!
Vazios como armaduras de lata

que nada passam ao olhar
da única plateia, que agoniza
no gelo da ausência de vida cênica,
sem balés, nem cantos,
apenas o rijo peito fechado
no decorrer desta anedota.

Vale mais ser harmônico,
reconhecendo o passar da estação,
sem mágoas ou negação,
e sentir o pesar da partida,
lamentar a despedida,
depois sorrir à nova ilusão.

Não permita o ar da postura,
pois é isso que faz a fissura,
e mancha de vez a composição,
que deve ser bela e inocente,
afinal, é nela que há
a plena realização.

O PIANISTA MACHUCADO

Pregado à rigidez de
sua postura imponente,
não sorri na presença
da lágrima que liberta
a angústia que o corrói
e reverbera nas pupilas
frágeis de sua magistral
sanidade.

Tem a respiração ao
prenúncio sublime,
a pausa ao silêncio
fundamental,
na crença ao som
puro e sem títulos,
de tom em tom,
pelos caminhos
noturnos de sua
aflição musical.

Sabiás e uirapurus
compõem os versos
inexistentes à sua estrutura,
percorre sustenidos
e o corpo arde...
A dor é companheira
dos enclausurados

e a solução dos inconformados,
que criam hordas filosóficas
inexplicáveis,
fazendo do olhar juvenil
verdades sarcásticas
de aromas instáveis.

Assim, sorri o menino frio,
na procura do afago
ao leito do rio,
à espera da noite
do seu nascimento,
quando verá a nota suave
que compõe o vento.

AMORES SEMPRE

Admiro dois amigos de infância
que, tendo vivido juntos
tantas descobertas,
encontraram um no outro
o afeto que crescia
inocente, e hoje,
são o motivo de belas canções.

Já duas meninas que abraçaram
uma nova questão, e se tornaram
intensas amantes, tal aqueles
que, num passeio pelo Parque Lage,
viram seus corações vibrarem
no que seria apenas uma
aula de fotografia.

Ou a mulher que sempre
acreditou ser aquele
o homem de sua vida,
e, na dor da separação,
viu que era justamente
ele quem a impedia
de amar verdadeiramente,
como faz hoje.

Assim como o rapaz,
que vivia perplexo por

um período tão longo,
mas, tempos depois, viu
sua angústia ter fim
por aquela que conhecia
há tantos anos, mas
nunca haviam se falado.

Amantes exalam aromas
por todos os lugares,
dando sentido a poemas
e canções, dizendo o que
alimenta seus carinhos,
na justificativa daquilo
que chamam de inspiração,
a perceber que vem do amor
a essencial matéria de todas
as coisas inexistentes ao tato,
e saber que as estrelas nunca
morrem, apenas brilham
em outro lugar.

O MESTRE
Para Luiz Alberto Py

Onde estás, oh, grande mestre,
que me falta tantas vezes
na carência criativa?
Necessitada de nortes precisos
a me preencher pincelando
os espaços ainda brancos.

Sempre soube que
um mestre surgiria
na prontidão do discípulo,
mas encontro-me ainda
vertiginoso a certas alturas,
diante de tantas possíveis asas
a me fazerem levitar, enfim.

Talvez não existas. Serias
um signo, como uma estrela
sem nada dizer, diante das
formações que dão
os cinturões e flechas
que tudo contaram aos
egípcios, mas nada a mim.

É de se esperar que mal se respire,
os círculos tornam-se difusos,
e as pegadas afundam
até as extremidades.

Se um dia vieres, mestre,
não digas quem és,
isto me decepcionaria,
pois pareceria inoportuno,
e eu perderia o encanto.

Não quero nada além de palavras,
palavras pelas palavras
e nada mais.

Mestre, estou aqui!

DONA SILVIA

Minha mãe é uma dona de casa
baixinha, dois olhos negros, onde
ainda se vê o medo da treva.
Sempre quis ser aquela
protetora felina, pronta ao
bote contra quem quer que fosse,
mas hoje tem sessenta, e continua
sendo a menina que fugia das
raivas ígneas de onde vivia.

Com ela, tive infância lúdica,
moleque descalço em
São Gonçalo, lugar pobre, de
pedras duras na sola do pé
urbano e marimbas atrás de
pipas e bolas de borracha, perto
da vala aberta à luz do dia,
entre as casas que vendiam o
sacolé de coco que eu tanto
gostava, e fazia o jogo do bicho
pra vovó trocando garrafas
de vidro, e sempre
a baguete com manteiga
às seis horas da tarde.

Mamãe jogava cartas na
varanda de piso vermelho
com as cinco irmãs de nome

composto que me achavam
um menino muito bonito,
e que não tinha nada com
aquilo, mas, se ali estava,
era para ser mesmo, pois
minha mãe é a senhora
nervosa que xingou o juiz
de futebol por uma falta
não marcada, mas, aos poucos,
foi ficando só,
pois segui querendo ser poeta,
enquanto ela via o menino
crescer a barba e falar direito:
– Nossa, como ele leva jeito!

Esta é a mamãe, mulher
de pouco estudo, mas muita
fé em São Jorge, Santo Expedito
e São José, pois faz novenas,
acende velas, e faz um feijão
delicioso quando quer,
e tem orgulho da filha que
nunca falou palavrão,
mas compra o mel que gosto,
e acha que posso até ser
fotógrafo.

Assim, vejo-a ser ela mesma,
como sempre foi,
amando as coisas simples,
qual a indefinição do amor,
pois vive nele sem precisar
saber o que é.

DESPEDIDA DO OUTONO

Freme o inverno
nas folhas do pinheiro,
que dançam na leveza
do vento, sob a visão
do revoar silencioso
em formas incertas,
desenhando, sem traçar,
círculos sobre o branco,
feito a tela da jovem
pintora, que sorri,
pois, quem sabe,
descobriu a saída do
impasse que a tomara.

Resiste o outono,
porém sabe ser fatal
seu destino.
As folhas não caem mais,
apenas a chegada
da estação fria, a unir
os jovens amantes, e
arder os solitários filhos
da incompreensão ébria.

Lentamente, o recolhimento
torna-se inevitável,
e o inverno chega,

cobrindo as folhas,
e os pássaros
que compõem a
paisagem sobre a mesma
tela branca, que já sofre
as primeiras camadas.

ZECA

Meu pai é um cara boa-
praça, daqueles como
havia nos botequins
do centro da cidade,
sorrindo ao fim de mais
um dia, na sagrada
porrinha com os garçons
do galeto. "Um, dois, três,
cinco, lona!", e é o campeão
mundial das sacadas curtas
que tanto me alegravam
quando criança, pois eu
lembro: chamei-o de papai
aos três anos de idade,
muito pequenininho,
despertando na ternura
de sua incontestável
bondade.

Meu pai. Homem aflito,
pensa muito no meu
futuro, e me quer feliz,
tendo as coisas que ele
não teve, por isso ama
tanto que nem sente.
É um santo barroco
boêmio, acertando o placê

só de brincadeira: "Lá vem
o Juvenal!" e o Fluminense,
máquina dos anos oitenta,
time de bigodudos, mas
eu quis ser o rival, e corri
muitas vezes pro seu colo
de manhã bem cedo, fazendo
barulho de mosca no seu ouvido,
e acreditava que ele estivesse
realmente dormindo.

Meu pai atende por Zeca
Peteca Nariz de Boneca,
e não há como não sorrir
de suas piadas, mesmo hoje.
Ele é o maior nas palavras
cruzadas, e sabe muito bem
que não estaria neste verso
não fosse ele assim tão
perfeito.

Paizinho, que caiu três vezes
na quadra da escola, muito
muito ruim de bola, e abriu
o bocão na foto da praia do
Leme, e até hoje o lugar
comum de "Pai-Herói"

é certíssimo, por isso,
não sei por onde começar
a descrevê-lo, deixo aos
outros, pois tenho um
anjo dentro de casa. Fato.
Sem nenhum exagero.

SERENIDADE

A calma que surge
pela pílula da caixa
no criado-mudo,
faz pensar tranquilo,
longe dos medos e
aflições do mundo,
onde estas causas
são criadas o tempo
todo, quando ferem e
nos fazem ser escudos
de nós mesmos, a não
sentirmos mais
o que importa.

Então, sorrimos para as
crianças no parque, pois
queremos amar fazendo
as coisas legais dos
domingos à noite,
dando as mãos no
escuro da sala, até
o calor fazer suar
entre as palmas,
no gesto que diz:
– Como gosto de você!

Permanecer, então,

andando por ali, nesta
cor, onde vão juntos a
qualquer lugar, não
importando muito aonde,
porque é sempre agora,
e há muito a descobrir
nas ruas antigas do Rio,
quando se está banhado
nas águas mornas do amor.

SERRA
Para João Jorge Proença

Há um menino que engatinha
no armário de coisas antigas,
e mexe em tudo ao mesmo
tempo dentro das roupas
que não existem mais,
somente nos álbuns, dentro
das fotografias, cujas árvores
envelheceram, assim como os
corpos que se foram, ou
cresceram e, hoje, escreve
futilmente o significado das
coisas, qual o menino que
acha os livros da madrinha
escondidos atrás da estante,
e vê as figuras da grande
viagem do Beagle pelas
Ilhas Galápagos.

Talvez seja mesmo este aí,
conduzindo a bola pelo
gramado, pois me lembro
até que havia um cavalo
chamado Feliz, e meu tio,
batucando a bateria no
quarto lotado de xilogravuras
de outros cavalos (esse era
seu tema preferido),

e os empregados uniformizados
trazendo sopa de ervilha
na grande mesa preta de
dezoito lugares, enfeitada
com porcelanas *Vieux Paris*,
cheias de flores desenhadas,
e muito gostosa era a comida
da filha de escrava de nome
Gertrudes, cujas mãos grossas
esculpiam as delícias dos dias.

Foi isto que ficou daqueles
tempos em que eu era criado,
como se dizia, "a pão de ló",
e sempre, sempre chorava
ao descer a serra no Dogde
Polara dourado, fingindo
dormir no banco de trás,

pois a infância é um sonho
do qual não acordamos
jamais.

Boa noite, então.

TROTE PARA UM FILHO DE WHITMAN
Para Danilo Diógenes

Lá vem o cavalo chamado Danilo,
fazendo a curva, babando há quilômetros
do corpo do jóquei lançado ao chão.
Vem, inerte, sem tocar o solo, mordendo
as partículas de poeira que resvalam
em seus dentes trincados, e vai contornando
as linhas da reta que se inclina aos poucos
pra cima, quando as patas se desprendem
das pontas da grama,
e agora há um som de hélices na locomotiva
que se chama Danilo:
– Carvão, carvão, mais carvão! –
pede o condutor de pé na ponta dianteira.

E vento, muito vento a lacrimejar os olhos,
e os cabelos esticados, misturados
aos barulhos da cidade, difusos, sem
mais percepção de unidade, apenas
o ar puro na face correndo, o rio descendo
a montanha qual fosse a primeira vez
que toca nas terras do vale,

e lá vai ele sobre as nuvens agora,
como disse Romeu sobre o "celeste
mensageiro alado" vagando no imenso

azul claro, escurecendo, escurecendo, até
o limiar do silêncio no meio das estrelas...

shshshshshshshshshshshshshshshshshsh!

O som não se propaga no vácuo.

INTELECTUAIS

Passo a passo, ouço tambores africanos tocarem
no deserto, quando meu corpo se despe de
retalhos, caindo feito pétalas de pano
ao longo das áridas fendas do solo,
na presença das hienas que riem e me seguem
em busca de qualquer pedaço, pois há ossos
dos que não suportaram o peso do sol e a
solidão das noites.

Entretanto, há tribos de andarilhos perdidos,
que, unidos, atiram flechas de dentro das
matas, e gritam alto para espantar tais
hienas, dando um pouco mais de calma
à percepção por onde se caminha.

ROTINA

Os dias podem nascer
tanto Chopin quanto Debussy.
Os trabalhadores nos ônibus,
apertados nos vagões, ou
caminhando pela Rio Branco,
as pontes aéreas, os encontros
nas garagens, as aves, os cachorros,
as leituras das folhas diárias...

Todos têm algo de lágrima saindo,
sentindo o ar de junho gelando
as orelhas, os narizes, naquela
tristeza intrínseca do dia começando.
O crescimento da vida pelo
café pingado, as notícias esportivas
do dia anterior, nos cumprimentos
aos que vão e correm atrás das horas
que não param... que não param...

Por isso tocam as baladas e noturnos
do homem comum,
do sentimento vigente,
da busca pela depuração das quedas,
na lembrança das alegrias dos sábados,
nas risadas dos jantares,
no descanso das madrugadas,
na eterna música do amanhã.

A LENDA
Para Juliana Hollanda

Pouco se sabe dos Passarinhos Verdes.

Apenas que eles nos procuram
para se alimentar das surpresas.

Pousam em galhos discretos
e se escutam:

– Olha! Um pass...

Voam para longe, felizes por
terem completado seu destino.

ONZE DE JUNHO
Para Anna Braile

Meio-dia.
A "manhã" não está como as outras.
Ontem bebi muito e gastei uma
fortuna pagando a conta da mesa.
Desejei cinco ou seis mulheres em
menos de duas horas, e nenhuma
delas me olhou como eu queria.
E não iriam olhar mesmo!
O Dia dos Namorados sempre foi
motivo de desdém. Não me lembro de ter
passado tal data com ninguém. Sempre
um ar de "Não me importo!". *"I don't
care anyway!",* naquele tom novaiorquino.
Mas em dois ou três conversas com Anna,
aprendi enciclopédias sobre relaciona-
mentos. Por isso, gosto dela. Anna não
esconde a necessidade do carinho, da
segurança, da vontade de ir a Angola,
desde que seja com alguém para
tomar o café da manhã,
mesmo ao meio-dia.

BUFÕES

Este fio de teia em
que me apoio,
lapida o ser pelo
sonho no ato pagão
de criar-me rei intocável
ou ferreiro de cicatrizes.
Na obstinação de imitar
a vida (como os gregos),
pela voz do coro da
moral humana, abrindo
os órgãos em sangue
dizendo:
– Vejam, somos todos assim,
selvagens quando aflitos,
temerosos na essência,
marchando por séculos
de triunfos e quedas.

Então, danças da primavera,
lama nos feudos,
megalomania dos tronos
e bandeiras de cavalarias
após as flechas dos arqueiros.

Somos todos esses e
outros tantos nos campos
encharcados de vermelho,

dos encontros nos bailes,
na cegueira da culpa,
no punhal e o veneno
que cessam o amor,
e o surgimento dos deuses
ao esgotarem-se as razões.

Então, pelas alamedas do ridículo,
pela vergonha da própria natureza...
o riso.
Atrevido e narigudo
no aedo perfumado da alegria,
inventando vida aonde não há,
dos comportamentos políticos
aos percalços do amor,
naquela necessidade de
despir-se diante de todos,
sem medo da imperfeição.

INVERNO NA MACEDO SOBRINHO
Para Adriana Schneider

Naquela mesma esquina
de onde os cabuladores ferviam
aos pés da ladeira ofegante
(força
       força
              força
                       agora respire um pouco)

habita um falcão de olhos verdes,
cujo dourado surge em arrepios
debaixo da rede e de um violão.

Madeira perdida nos fundos
da sucata perfumada pelos
dedos sem unha e vozes:

> *– Vem, vem, bumba meu boi,*
> *tava mêmo pensano em vê*
> *essa vereda aí que os hômi*
> *falam tanto e esse outro aí*
> *falano das galinha do vizinho.*

Então, naquelas horas que
não correm mais,
manhã cheirando a café,

surge um terno jeito
de falar nos domingos
frios de junho.

SÃO JOÃO

Surge assim, do nada,
aos pés da noite de
sexta, na antevéspera
do inverno já presente
nas paredes do quarto,
uma vontade de ser
jagunço do próprio
sertão e costear o rio
que corta o vazio
até as luzes da cidade.

E lá, andar pelas praças
festivas de bandeirinhas
doces e aguardentes,
sob o manto do acordeom,
no tintim do triângulo,
em volta da fogueira,
de onde estrelas em brasa
unem-se aos pingos de
prata e sobem até o
losango lá no alto, onde
a vista não mais alcança,

e notar que ao lado
sorri a mocinha de saia
cor-de-rosa e falsas pintas
na bochecha, encabulada,

sem mais querer acordar
quando fecha os olhos
e se entrega, deitando
a face delicada sobre o ombro.

ASAS FRÁGEIS

Vi uma borboleta amarela voando
pela orla de Ipanema. Não era a
do Velho Braga. Era a neta dela.

Trouxe um sorriso que há tempos
não tinha. Seu corpo frágil fugia
de golpes automotivos, como
uma pena ao vento.

Segui até perdê-la de
vista.
        Alegria.
                Não há outra palavra.

Sensação de pureza
no meio da cidade.

Fui tomado por uma preguiça,
mas não parei. Então, pelo
feitiço do belo inseto...
encontrei Mano Melo!

E quando já pensava na
forma do poema da orla,
voltou a borboleta amarela.

Era muita poesia para uma
só caminhada.

A ESTRADA
Para Nayana Carvalho

No meio da estrada havia um trilho. Desses antigos que há muito nenhum trem passava. Caminhava, então, caminhava. Apenas uma mochila, um velho chapéu e uma calma disfarçada. Poucas vezes o céu esteve tão belo. Entre pedras e plantas batidas, ia plenamente ao imenso nada. O sol. O sol, sua pele queimava, enquanto as memórias escorriam pelos soluços que dava. Respirava. Sorria quando via os pássaros cantando à sombra de um carvalho... mas estava cansado. Corpo cansado de tantos rumos dos medos que o assombravam. Onde está, então, a ternura dos tempos de outrora? Onde está a mão que acariciava seus cabelos de dentro pra fora? Apesar disso, caminhava. Tinha uma gaita, que, entre as pausas, tocava. Canções que tinham sabor de boca beijada. Beijada. Era um afeto embebido em anseios na incerteza que o tomava. Ofegante, ofegante, seu coração palpitava. Assim, diante das memórias de quem sempre esteve ali sem nada dizer. Chorava. Dos calores suados na cama de lençóis molhados. Molhando, molhando os sonhos dos poros eriçados. Carne dura e rígidos músculos enquanto abraçados. Deleite na boca de olhos fechados. Mas, a estrada, a estrada secava suas mãos em volta da cabeça que latejava. Momentos de azuis sentimentos no trilho do trem que não passava. Ferrugem. Cascalho. Folhas secas à beira da estrada. Porém, algo surgia.

Alguns metros à frente, fez-se uma sombra silente quando balbuciava em algaravias. Eram as formas de algo que sabia. Era um pulsar de algo que subia. Era a mão estendida, qual flor do jardim que não havia. Assim escutou:

– Deixa disso, vamos voltar pra casa, que eu te amo!

POEMA PARA ANA CRISTINA

Proposição do poema sem culpa.
Foi o que aprendi com Ana Cristina.

Ficar perto do afeto e deixar doer
só um pouco, depois fica mais
simples.
E seguir a seta de olho na biruta,
esperando o golpe de ar tirá-lo
do chão e, com os braços, planar
como um condor em direção aos
outros continentes, até cansar
a escápula alada da percepção.

LIVRE

Hoje, estou fácil.
Sem lírios, sem chagas,
sem tristezas, apenas eu.
É olhar para uma mocinha
entrando na sala e não
tremer muito. Talvez meu
corpo esteja cuidando da
febre, o resto fica mais
livre. Normal. Vendo a
vida como um velho,
alguém que viveu o
suficiente para não se
preocupar mais.
Sinto que estou aqui
para ir ao fundo das
coisas. Porque ser
preenchido por afagos
é necessário desde o
berço, e isso nos
acompanha até a morte,
e, no dia em que não
desejar mais isso,
com certeza,
estarei morto.

LAURA ALVIM
Para Susanna Kruger

Se há o vermelho na face
de uma estrela, seu brilho
então se extinguirá ao se
tornar apenas memória.
Eis a morte de um ser
astral, após a plenitude
estática das noites, em
que a mesma brilhou
dentro de mim, quando
vi meu corpo ficar azul,
tal a cor de uma estrela
que nasce e, aqui, dentro
da noite destas paredes
negras, brilhamos também,
surgindo no prisma de
uma outra luz que alimenta
nossos órgãos, transformando
carne em energia cósmica,
a formar uma nova
constelação orgânica, aqui,
neste chão frio, onde pisaram
outros seres regidos por tais
mãos esculToras de sonhos,
pois somos nós, neste
tempo, na alquimia de
fazer da vertigem um
sorriso livre, de cinco, seis,

infinitas pontas, vagando na
imensidão do mundo, na
autonomia de apontar pra
cima e preencher o vazio
deixado pela última estrela.

TENTAÇÕES

Se fosse Ulisses,
teria me perdido
nos corpos das
sereias e morrido
afogado gritando
no silêncio do eco
profundo. Assim,
pela vibração do
plexo sensível,
sentindo a música
corroer a pureza
do afeto.

Coloridas são estas
sedutoras da morte
e suas vestais de
olhos claros, disfarçadas
de anjos, ansiosas por
beijos, sorrindo dentro
do lago, na fonte das
águas, com os seios
molhados, róseos,
róseos de sangue.

A calma é irmã da
concentração que
conduz ao amor, e

por isso, os caminhos
trazem perigos pestilentos,
e o medo na pressa, e
a pressa no medo de ter
somente aquela pequena
rosa frágil entre os
escombros da cidade.

LA TRATTORIA

(Nossa, que filme lindo! A atriz é exatamente o tipo de mulher que eu gosto. Pensando bem, aquela que entrou na livraria também, ou esta sentada com o possível namorado. Não! Não gosto de imaginar futuros quando venho jantar sozinho, ainda mais quando estou de ressaca. Bom este vinho, aliás. Depois que se come, não dá desespero, dá vontade de rir. Morrer de fome deve ser horrível. Em dias assim, luto pra não ficar trágico demais. Adoro esse barulho de gente falando. Me faz sentir eu mesmo. O desejo por carinhos funciona em mim como uma criança em restaurante que a toda hora sai da mesa. Não faça isso, não olhe pra mulher acompanhada, dá problema. Incrível, às vezes, dá vontade de sair correndo, mas, não, ficar sempre é melhor. Mais vinho? Não sei. Essa definição imediata das pessoas é detestável. Dane-se. Deixe os outros pra lá (*gole*). Também não é assim. Se eu beber outra taça, é capaz de a concentração ir embora.)

MUSEUS E LIVRARIAS

É tão bonita uma folha
em branco à meia-luz,
que riscá-la com letras
parece um barulho
no museu vazio,
tomado por quadros
e poucas pessoas
caminhando com as
mãos para trás ou
dentro dos bolsos,
lendo os nomes nos
pequenos retângulos
atrás das linhas amarelas,
observadas pelos
funcionários de preto,
entediados,
pois não há salário que
pague um tédio desses,
e os textos na parede,
pedantes, como um jovem
poeta que escreve na
ainda bela folha de papel,
já nem tão branca assim.

OS LIVROS

Página.
Pequeno mundo de letras
aprisionadas que formam
mapas.

Grifos de gritos lidos
com ditos essenciais
(pelo menos pra quem os faz),
pois querem ser como os essenciais.

Mitos vivos não mitificados,
ao lado de outros de letra igual,
na estante, do chão ao teto,
distintos em sua autonomia,
fechados num aglomerado
de pequenos mundos,
enumerados ou não.

DE PERTO

Acendo um incenso
depois do almoço.
Há brigas dentro
da casa. Ao lado, meu tio é um homem doente.
Creio na utopia de que sempre seremos
normais e, no mais, as coisas caminham
assim:

> As ondas do rádio que não vemos.
> Os sinais. O ensaio da banda no
> Palácio Laranjeiras. Linda é a
> fumaça do odor indiano! Como
> muda! Seriam os sentimentos
> fumaças, e nós, pulmões
> tentando capturá-las? Talvez.
> Bom mesmo é tomar café nesse
> frio. Por que escrevo melhor no frio?

Meu tio tem uma angústia que não compreendo.
Toma remédios fortes e gosta muito de ouvir jazz
comigo. Aprendo com ele mais do que com
qualquer monge a importância da calma.
Calma, tio!

E daí que ele é doente? Prefiro olhá-lo como ele é.
Sensível demais. Sentindo mais do que os outros.
Quer apenas aliviar suas dores, que não sei quais
são. Gosto dele. Por causa dele, aprendi a gostar

de Oliver Nelson. Se toco violão pra ele, adora.
Meu tio é um *blues* daqueles bem antigos.
Meu tio é o próprio tango portenho.

O GRANDE LIVRO

Seguia as pegadas da
travessia até chegar na
página quinhentos e três.
Dobras intactas, coladas.
Uma primeira edição
percorrida somente até
aquela vereda.
Dali em diante,
seria mata fechada.

Com a faca, cortei o papel
cinquentenário e virgem
de dedos. Era o meu caminho.
Os outros me aguardavam
juntos numa casa velha. Chovia,
e os cavalos não fugiram.

Era o silêncio antes do
primeiro tiro. Os corpos
se contorciam,
amontoando-se na terra.
Sangue na terra é marrom.

Muitos morreram depois,
inclusive ele, que era ela.
Não haveria mais como
redimir-se das decisões
de um mundo sem lei.

Era o diabo criado
balançando o rabo.

A velhice veio depois
no relato seco de um
coração duro. Os dentes
podres de fumo e a
cachaça da redenção.

Alívio. Verdade. Humano.
Esta foi minha história
no Grande Sertão.

O ÍNDIO

A rachadura na fresta
rosada da varanda,
junto a um borrão
de tinta branca,
forma o rosto de um
índio, que grita evocando
os deuses do dia para
nos proteger da noite
e, deitado na rede, ouvindo
seu suplício, lembrei dos
meus tempos ao lado de
Don Juan e Castañeda.

Um beijo agora poderia
me tirar do eixo,
um beijo apenas abriria
o ato trágico
com o velho tenor
a entrar em
cena:

– *Don Giovanni!*

Por que esse medo de sua voz?
Será que o índio, na verdade,
é o tenor?

Uma hora depois do início da Nona,

entra o coro à espreita, enquanto a figura
olha pra mim, no sangue mais rápido
que o normal, bem longe das frases de
Buda e dos mantras calmos.

Não. Ele é um índio pintado
de branco, um xamã enfumaçado
na insubstanciabilidade do fogo
queimando, enquanto sinto
um cheiro doce. Não. Não vou
ficar louco. Pois o louco não teme
o irreal.

Vou, passo a passo,
em sua celebração, pintando-me
também de vermelho e amarelo,
dentro da roda onde todos estão...

...e o cachimbo queima queima
o gosto estranho da fumaça
passa passa, e sou tomado por algo
que vem de lá, não volto mais em mim.
Que eixo é esse? Sou um pássaro!
Sou a música! Sou a noite quente
dos índios juntos, deserto verde mata
ao som de palmas, porque é a primavera
chegando ao hemisfério sul,

e, aos poucos, vou voltando, acalmando,
até chegar ao manto alaranjado
da rede da minha varanda.

O CASAL

Restaurante de vozes encharcadas de vinho
e massa italiana. Italiano também é o
ambiente em que me encontro, lidando
com *bolognesa*, *spaghetti*, quase juntando
os dedos pra falar daquele jeito.

Mas há dois que não se falam. Um bebe,
outro, não. Parece o amor indo embora.
Ambos aguardam o prato como a
criança pela manhã do aniversário.

   – *Está boa a comida?*

Balbucia quase chorando o rapaz de
gorro e gestos vulgares. Ela bebe
vinho branco com massa e carne.
De fato, a graça se foi. O que resta a
esses dois? Sim. O amor acaba após
todas as árvores servirem à lenha
que fomenta o fogo. O fogo.

   Romeu e Julieta morreram e estão em algum
   limbo ou paraíso de impossibilidades febris.

Ambos comem calados o prato triste
que se torna um refúgio para os olhos.
Então, palmas, luzes apagadas e
ele sorri cansado.

Posso estar errado sobre
tudo, por isso, pago a minha conta
e vou embora.

CORPO ABERTO
Para Afonso Henriques Neto

Busca pela linguagem,
quem sabe inalcançável,
de uma maturidade
igualmente estável
em querer dizer as coisas.

De fato, nem todos são
aquilo que são, mas
observo-os, podem ter
tido algo semelhante
a uma epifania, na
clarividência dos cantos
escuros da ideia, onde, talvez,
esteja a tal fonte de tudo.

É estranho perceber.

A fruta é mais bela após considerar
uma natureza-morta,
o vento e a ave são primorosos,
se os ouço depois do cravo ou do violino.

Parece tão simples, mas
é estranho perceber.

Quebra-se a casca e surge o pó

das cores que coram as letras,
pretensa voz disputando o último discurso.

Não é para poetas que falo,
nem mesmo para mim,
por que fazê-lo?

Então, meu tio e o enfermeiro
me fitam sorrindo, se lhes digo
algo íntimo. A conversa fica
mais leve.

É o retorno silencioso.

Não são as palmas nem os elogios,
é o trivial vindo de não-sei-onde,
que me sussurra: "Continue!"

Abro meu corpo e uso tudo o que tenho.
Choro e faço doer em mim o que está fora,
e me defino admirando os outros.

Por um momento, não me sinto
perdido, volto ao ventre e
deito-me para a esquerda.

É estranho perceber.

Perder-se o tempo inteiro até voltar para casa,
e não tenho mais medo.

Tudo faz sentido:

a tarde, a maçã, o teatro de bonecos,
o início da primavera.

Não quero a razão de nada.
A vida por um momento de expansão,
um filho.

Deve ser isso,
um instante eterno de imensidão.

Fosse tudo neste segundo,
valeria mais a pena.

O trabalho dentro da sintonia lúdica
que vive, mas se afasta.
O menino, o brinquedo de madeira,
o jogo de botão, a primeira vez
que ouviu *As Bachianas*,
o mingau de aveia.

É estranho perceber.

Lembranças se apagam,
e fica apenas a vontade
de pedir um abraço,
dizer coisas essenciais,
de voltar de voltar de voltar.

Mas, não. Saem escamas, a pele,
entram os olhares, a virtude
e o vazio muda.

Não sou mais o mesmo.

Vem a distinção de si para o mundo,
o corpo aberto, a alma nua,
a relação com a vaidade,
e uma rara revelação de seu próprio tamanho.

Surge o compromisso com a palavra,
o diálogo com a tradição,
a perpetuação da voz
e a constante busca pelo novo.

Porém,
é estranho perceber.

POEMAS

Presenças invisíveis olham
de fora as frases sendo
introduzidas no mundo
que existe atrás de mim.
Como se fossem os próprios
autores sugando de volta
o sumo espremido de suas
veias, cada vez que tento
ver onde foram ou tentaram
descrever, quando, angustiados,
não optaram pelo silêncio.

Existir pode ser inútil, ou,
simplesmente vazio, caso
o sofrimento não seja
dissecado em blocos
de terra fértil, onde
sementes hibernam até
virarem nuvens e, por
um curto instante de
algodão, a vida, enfim,
valer mais a pena.

CALÇADÃO

O rosto daquele menino magro,
me fez sorrir quando o vi
brincando no meio do dia
livre de sol e vento.

Só ele via as cirandas
e balanços de corda
que ninguém mais via,
nem o cavalo de madeira
pintado à mão nos braços
do menino magro e seu
cachorro preto e branco
que também ninguém via.

Pois é bom ver o mar
da calçada, buscar a lira
no dissonante,

mas vem o menino, brinca
na rua e exerce sua plenitude,
mesmo que depois venha
o mote e concatene o Não
que ele jamais deveria saber,
mas sabe.

Talvez eu tenha visto a
ciranda do menino e seu

cachorro, pois sorri ao
vê-lo ignorar os outros
a ignorá-lo,

mas prossegui entre visões
até perdê-lo.

Amanhã, poderá estar
no mesmo lugar, mas eu,
talvez, não o veja mais.

SEM PALAVRAS

Do ápice do tato
ao desconhecido,
nadei em ti sem
temer qualquer morte.
Nada além do corpo
cheio no limiar da pele,
transbordando gotas brisas leves
leves espasmos no quarto sem luz,
e a alma frágil descansada em teus
seios, até uma corrente nos secar,
e começarmos tudo novamente.

PARA FORA

É notório que o triunfo humano
permita visitas às mais distantes
fronteiras, e faça da palavra escrita
uma voz errante, sem rédeas,
através de uma coragem impessoal,
que, por um ser falso, faz, dos desejos
mais profundos,
trajes de espantalhos odiosos.

NÃO NÃO NÃO NÃO NÃO NÃO NÃO
me importam as calçadas rolantes nem
visitas ao Louvre dos meus sonhos.

A *Vitória de Samotrácia* – aqui!
Quatroccento quatroccento – por ali!
Maintenant, les paintres impressionistes!
And that's a Henry Moore. Beautiful, isn't it?

Ah, não para tais voos. Sim, para a vida de cheiros
      podres e 40 graus de fevereiro.

Jamais   Jamais

                Jamais
                              renegar o que nos
                    faz sentir
         calafrios nas pernas e dilata as pupilas
entregando

aquele pensamento que não se entrega

hahahahahahahahahahahahahahahahahahaha!

Mas é assim mesmo, amigo, o mundo está aí para
ser sentido,
tudo é como está sendo, e eu não tenho nada com
isso.

Saio de casa, e vejo meu pai
sentado na cadeira, meu tio deitado,
e me remetem à ideia de vida que tenho.

Garças sobrevoam o parque, e há mais
de vinte patos lá embaixo,
automóveis
automóveis
automóveis
parados mais adiante entre os apitos
do sujeito mal-humorado de chapéu
branco e no meio de tudo isso...

as fumaças

(é de graça, pode respirar numa boa.)

Então, para que tudo isso?

Oh, Anjo Chaplin, é em nós que habitamos e assim viveremos. Obrigado!

Necessidade de se viver mais
profundamente, de subir ao mundo
e dizer:
– Ei! Vamos todos em frente!

Mas aí me disseram que não se quer mais pensar.
– Ora! Para que um filme tão complexo? Ah, não!
As coisas precisam ser mais simples,
pois o mundo, meu caro, caminha lentamente para o brilho,
       e corre para o vazio.

Então, vamos ao teatro gargalhar como loucos.

Comédia é isso aí!

Vamos nos sentir brasileiros e perder
dentes pelos aeroportos,
pois é isso que há. Uma facada em dois
instantes de cólera. Não mais. Pois seria
perda de tempo e o tempo é rápido.

Prefiro, então, ser o imperador da Tomânia:
– Abaixo a ditadura em Bactéria!
Pois ficamos felizes em face das novas
cirurgias alheias... E por que não?

Ela mudou o cabelo. A outra está mais magra.
Aquele, logo ele, foi visto caindo de bêbado.
Mas, por que reclamar? A fila está aí para ser
furada, e a ordem é ser mais emblemático.

....

Mas sempre existirá o tom maior.
Pois o tom maior nos faz olhar para cima,
e lá está ela,
toda e sempre,
lá está ela,
ali,
assim,

por isso,

SEJAMOS LUNÁTICOS!

PENSANDO

Minha alma tem daquelas frases soltas, tropeços de curiosidades tantas, que se formam em pequenos montes em profundas cavernas estreitas e escuras, percorrendo o subterrâneo dos países metafísicos, que raramente vejo em sonhos, mas se materializam nas manhãs. Minha alma compõe um mosaico de formas indefinidas que turvam a compreensão do todo e me fazem crer nas águas dos córregos do prazer e, assim, dar nome à obra. Grande casulo do pensar contínuo, sofre sempre invasões bélicas desgovernadas, sem generais, que deixam no solo os restos da marcha como adubo das matas híbridas, revelando a frágil face do vale. Busca a desfragmentação da vida de outrora para enveredar-se nos campos distantes ouvidos agora, onde está a única flor a nascer da pedra, a ferver o corpo em chamas crescentes. A mudança como o estreito caminho para a elevação. Despir-se inteiramente e seguir. Banhar-se no mar de novas formas e sorrir. Não é anseio dos deuses tornarem-se humanos e, sim, a inevitável busca da liberdade poética, no velho ato de recriar tudo e transformar o amanhã em uma página em branco.

O CONQUISTADOR

Ele era tido como um "homem bonito". Tinha uma sensibilidade que lhe permitia dizer coisas encantadoras.

As mulheres o veneravam, porém, isto sempre foi o seu martírio.

Não tinha uma nem duas, mas muitas delas.

Amava-as profundamente e em pouco tempo.

Da mesma forma que as conquistava, sumia.

Gozava de uma fama perigosa: "Não se metam com ele, vão se machucar", o que também despertava uma imensa curiosidade, e nela, elas iam.

Foi assim durante todos os seus vinte anos. Muitos amores efêmeros e pouco sofrimento.

Aos poucos, foi ficando raso. Já nem conseguia mais amar do seu jeito.

Começou a beber, a fumar, a escrever poemas tristes, a esconder aquela ternura tão sedutora.

Um dia, sentado num café, refletia sobre o que havia feito de errado. Pensou nas mulheres do quase, sempre o quase.

Então, ao olhar para trás em busca do garçom, viu-a parada, sentada, estranhamente de óculos escuros e tomando chá. Era a mulher mais linda que vira na vida. Seu corpo estremeceu, transpirou, o coração acelerou, até queimou a língua.

Era ela! Aquela que idealizara, aquela que procurava em todas as outras.

– Vou lá.
Pela primeira vez, estava encabulado, com medo, não sabia o que dizer:
– Com licença, está sozinha?
– Sim.
– Posso me sentar?
(Cinco, seis, sete, dez segundos).
– Pode.
– Olhe, vou direto ao ponto: você é a mulher mais linda que já vi, mesmo, e não tenho a menor vergonha de exagerar dessa forma, pois você é!
– Obrigada.
(Silêncio).
– Qual o seu nome?
– Heloísa.
– Muito prazer, sou Thiago.
– Você é um tanto paquerador, hein?
– Não é isso! Olha, nossa, é... é... Sabe que as suas sobrancelhas são lindas? Parecem-se com as minhas, olhe. Não é?
– É que...
– Tudo bem, não diga nada, estou sendo ridículo.
– Tem uma coisa...
– Ok. Vamos lá, não resisto, nunca senti isso conversando com ninguém em tão pouco tempo. Você quer jantar comigo hoje, ou amanhã? Sei lá, quando você quiser, por favor, estou aflito...

– É que sou cega.
(Silêncio).
Pensou em tudo o que estava sentindo naquele momento, em tudo. Sua vida, seu sofrimento, sua solidão e, então, sorriu:
– Tudo bem, eu também era...

ÍNDICE

Apresentação: Provocações, Pedro Lago, 11

O VALE, 15
O BELO, 16
O SÓRDIDO, 17
SILÊNCIOS DE UMA TARDE, 18
DA NUCA, 20
ODE AOS GÊNIOS, 21
ODE AO POETA, 23
RISCO, 25
FRIO, 27
ONDE?, 30
A MENINA E OS LIVROS, 32
PENSANDO NO CAFÉ DA GALERIA, 33
A BAILARINA DE VERMELHO, 34
A GARÇONETE, 36
PELE, 37
LE COUP DE FOUDRE, 38
NO SILÊNCIO, 39
SURTO DE VOLÚPIA POSSESSIVA, 40
MOMENTO ÍNTIMO, 41
APENAS, 42
BEIJOS, 44
UMA NOVA ERA, 45
AOS SOLITÁRIOS, 46
MODIGLIANI, 48
EXAGERO PARA A MENINA LOIRA, 49
CEMITÉRIO, 50
DOS FINAIS DE SEMANA, 52
O ELFO E A CAMPONESA, 54

DA VINCI E A NATUREZA, 56
PARTIR, 58
VARANDA, 60
DAS COXAS DE BACO, 61
O DOMINGO, 62
TARDE, 64
O SAXOFONISTA DO ARPOADOR, 65
UM FIM, 66
HIPOCRISIA, 67
AD INFINITUM, 68
NERVOS, 69
EMPÓRIO, 71
NA LAPA, 73
DESCRIÇÃO EM BLUES, 74
RIBALTA, 76
CÂNCER, 78
O CORPO, 79
ORGULHO JUVENIL, 80
O PIANISTA MACHUCADO, 82
AMORES SEMPRE, 84
O MESTRE, 86
DONA SILVIA, 88
DESPEDIDA DO OUTONO, 91
ZECA, 93
SERENIDADE, 96
SERRA, 98
TROTE PARA UM FILHO DE WHITMAN, 100
INTELECTUAIS, 102
ROTINA, 103
A LENDA, 104
ONZE DE JUNHO, 105
BUFÕES, 106

INVERNO NA MACEDO SOBRINHO, 108
SÃO JOÃO, 110
ASAS FRÁGEIS, 112
A ESTRADA, 113
POEMA PARA ANA CRISTINA, 115
LIVRE, 116
LAURA ALVIM, 117
TENTAÇÕES, 119
LA TRATTORIA, 121
MUSEUS E LIVRARIAS, 122
OS LIVROS, 123
DE PERTO, 124
O GRANDE LIVRO, 126
O ÍNDIO, 128
O CASAL, 131
CORPO ABERTO, 133
POEMAS, 137
CALÇADÃO, 138
SEM PALAVRAS, 140
PARA FORA, 141
PENSANDO, 145
O CONQUISTADOR, 146

Acabou-se de imprimir
em 30 de março de 2010,
na cidade de Blumenau,
nas oficinas da Nova Letra Gráfica e Editora,
especialmente para Ibis Libris.
O papel usado no miolo
foi Pólen Bold 90g/m2, e na capa,
Cartão Supremo 250g/m2.